수직의 바다에 눕다

국립중앙도서관 출판예정도서목록(CIP)

수직의 바다에 눕다 : 심기선 시집 / 지은이: 심기선. -- 대
전 : 지혜 : 애지, 2015
p. ; cm. -- (지혜사랑 ; 131)

ISBN 979-11-5728-037-7 03810 : ₩9000

한국 현대시[韓國現代詩]

811.7-KDC6
895.715-DDC23 CIP2015022905

지혜사랑 131

수직의 바다에 눕다

심기선

지혜

시인의 말

강물을 두 손에 담아 가문 비탈 밭을 향하는 동안
넘치고 스며 빈손에 젖은 자국만 남았다
그래도
쉼 없이 옮겨 담아야 할 일이다

2015년 여름
심기선

차례

2부

3부

4부

• 일러두기
한 연이 첫 번째 행에서 시작될 때는 > 로 표시합니다.

1부

봄 꿈

햇살 나른한 담장아래

지난겨울
흉가처럼 말라죽은 화분을
혹시나 하며 기다리다
봄날이 다 기울어서야 쏟아버렸다
삭은 잔뿌리와 시든 흙의
뼈마디가
화분모양으로 둥글게 휘어있다

수런거리는 햇살아래
몸을 둥글게 휘고 혼몽하게 졸던 개
꿈이라도 꾸었나
깜짝 놀라 짖고 나서

홀로 머슥하다

아카시아 나무

깃털이 채 마르지 않은 새끼들을 데리고 딱새가 집을 떠났다 어제까지 헛간 지붕틈새를 팽팽하게 드나들었는데 순간 줄이 툭 끊기듯 적막하다 흩어진 깃과 지푸라기만 남은 빈 둥지의 어깨가 허전해서 가만히 쓰다듬어 주었다

건너다 보이는 강으로 노을이 날개를 접으며 내려앉고 바람이 들판을 가로질러 산그늘아래 잠기는 동안

아카시아 향기가 눈처럼 내렸다

벌통을 짊어지고 꽃을 몰고 오던 노부부가 올해는 보이지 않는다 아카시아 꽃은 자꾸만 떨어지고 그늘을 다 덮는 동안 나무는

허리가 굽고
등덜미가 훤히 비었다

동그란 햇살

봄날이
너무 환해서
눈살이 찌푸려지는 햇살 속으로
굽어서 동그란 할머니가 손수레를 밀고 사거리를 건넌다

손수레 가득
주섬주섬 쌓여있던 종이상자가
길 중앙에서
바람에 날려 사방으로 흩어지고 말았다

할머니는 동그란 몸을
천천히 움직여 종이상자를 줍기 시작하는데
마침내
마지막 상자까지 주운 할머니는
차곡차곡 접어서 그 안으로 들어가고 말았다

사람들은 차 안에서
도와주지도 피해가지도 못하고
몸이 동그란 할머니의 주섬주섬 쌓아왔던 일생과
차곡차곡 접어 넣은 삶을
그저 바라만 보고 있다

>

아주 잠깐사이 사거리에
동그란 햇살이

가득했다

흩어졌다

생강나무

누가 올려놓았을까
빈 가지 위에 노란 스웨터 한 벌

낡은 소매 끝에서
실을 긁어모아 새가 둥지를 틀었다

보슬보슬한 보푸라기들

텃새도 아닌 것이
나무구멍이나 바위틈도 아닌

어쩌자고
내게 들어와서는
빈 둥지만 남기고 떠났나

스웨터를 펼치자 숨결처럼 떨어지는
노랑새의 깃털들

내음이 알싸하다

불임나무

호두나무에 그림자가 없다 장독대 옆 비탈위에 서서

삼 년 동안은 온몸에 벌레가 숭숭해서 실성했고 또다시 삼 년은 청설모가 미리 갉아먹어 깜깜해지더니 이내 속이 텅 비었다 빈 아랫배를 꼭 안아주었다

숲에서 잔뜩 영근 그림자 한 삽을 퍼서 호두나무 발아래 묻어주고 다독여주고 눈물을 닦아주고 어깨를 쓰다듬어주고

임신한 여자의 속옷을 가지끝에 걸어두었다

며칠 동안 바람이 물줄기가 되어 나무둥치로 흘렀고 또 며칠은 별빛이 속을 열고 걸어 들어갔고 나는 호두나무를 안고 한 계절 내내 잠이 들었다

그림자가 고구마 줄기처럼 주렁주렁 열렸다

두릅나무

장독대 옆 가시나무 덤불에 길고양이가 새끼 여럿을 낳았다 눈도 채 뜨지 못한 어린 것들이 봄비를 맞아 떨면서 애옹거린다 모두가 조물조물 푸른빛이다

어쩌자고 가시덤불에 산실을 차렸을까 가까이 다가가 손을 내밀자 거친 털을 세운 어미가 눈을 번뜩이고 발톱을 허공에 휘두르며 덤불 속으로 어린것들을 끌어안고 들어가 버렸다

비가 그치고 햇살이 빳빳해지는 동안 새끼들은 자랐고 다 자란 새끼들은 마침내 가시덤불과 섞여서 희미해졌다

강 쪽에서 바람이 불때마다 뒤꼍은 한 웅큼씩 깊어졌고 장독대는 눈두덩이 차츰 짙어졌고
나는
더 이상 가시나무 덤불 쪽을 바라보지 않았다

봄 감기

마른 저수지에 빈 배가 홀로 누워있는 것처럼
시간이 고요하다
바람조차 없어서
풍경마저 갈라진 바닥으로 스며들어 더욱

동백꽃은 너무 붉어서 고요하고
느티나무 그림자는 길게 누워서 시들하고

햇살이 허공을 핥으며 산을 넘는 동안에도
나는 목어처럼 초점 없는 시선으로
창백한 시간을 접으며 먼 하늘을 바라보았다

꼭 열흘 동안이었다

지독한 봄 감기에 칭칭 감겨있는 동안
시간들이 돌돌 말려 고요 속으로 쌓여가는 것을 보았다

처마 끝 산수유 그늘아래에 그동안
쌓아놓은 시간이 내 키를 훌쩍 넘어있다

고욤나무

때 이른 봄날이다 당황한 철새들은 아직도 저수지 곁을 웅성이며 서성거리고 있다

아버지는 논두렁을 한참 걸어서 비탈 밭 아래 고욤나무에 감나무 가지를 접 붙였다 눈이 채 녹지 않은 언덕에 햇살이 아직 얇다

아주 잠깐, 고욤나무는 퍼덕였고 감나무는 망설였다

돌아오는 동안 내 발자국을 따라오는 고욤나무의 이야기를 들었다 어떤 이야기는 새가 물고 산을 넘었고 강을 건넜고 이내 아무것도 보이지 않았다

여자가 떠났고 그 자리에 그림자만 남았다
나는
잘린 가슴의 틈을 벌려서 그녀의 그림자를 꼭 끼워 넣고

비닐로 칭칭 동여맸다

떠난 사람

오래 묵은 밭이다

꽃을 따라서
꿀벌을 몰고 오던 사내가
밭을 가로질러 가슴을 펼쳐놓았다
해종일 벌들은
별바른 꽃의 사연을 안고 날아와
속삭이듯 들려주고
사내는 며칠 동안
차곡차곡 받아 적어 가슴속을 가득 채웠다

꽃잎이 시들고
쑥대궁이에 그림자만 남았다

빈 밭이 고요하다

내 묵은 가슴속에도
입술자국만 남기고 떠난
그리운 이가 있다

딱따구리 사연

이사 나간 빈집에
다듬잇돌 홀로 남겨져있어 전갈을 했다
돌아가신 어머니 것이라며
정작 자신은 다듬이질 할 일이 없으니
앞산 맑은 뫼 앞에 놓아두길 청했다

등짝에 돌을 짊어지고 산을 올랐다
아카시아 향기가 강을 이루는
앞산 뫼마다
다듬잇돌 하나씩 함께 누워있다

평생
다듬이질이 징글징글 하다던
내 할머니 생각이 나서
차마 내려놓을 수 없고
다듬잇돌 베고 누워
입 돌아간 아재 생각이 나서
도로 가져 갈 수도 없다

아카시아 꽃이 달빛처럼 환한
뒷산에서

>

또닥또닥
누군가 다듬잇돌 두드리는 소리 들린다

낮달

잎이 무성한 매화나무 그늘아래
때늦은
꽃 하나 피어있다

보조개 핀 얼굴에 여린 눈웃음이 살살 흐르는

백주대낮에
너에게

수작이나 걸어볼까

봄을 걷다

겨우내 닫힌 헛간에서
물 흐르는 소리가 났다

몇 년째
먼 눈빛으로만 바라보았던 늙은 길고양이가
헛간에서 마지막 해산을 했다
등짝에 검은 점이 군데군데 찍혀있고 수염이 하늘빛인

늙은 계절이
벽에 기대어 가쁘게 꽃을 뱉어내고 있다
뱉어낸 향기가 올망졸망하다

마른 헛간이 두근거리고 잔잔해지고 이내 조용해졌다

탯줄을 긁어모아 매화나무아래 묻고 돌아오는 길
꽃잎이 내 발등 씻는 소리를 듣는다

풋내 나는 봄기운이
내 발뒤꿈치를 따라 걸으며
발로 건드리고, 젖니로 물고, 몸을 부비기도 하면서

톡톡
꽃망울을 터트리고 있다

낙화

강 끝을 서성이던 목선들이
한쪽 뱃머리부터 어두워지고 쓸쓸해지더니
고개를 숙이고
걸어서
바다를 향해 떠났다
더러는
산그늘 속에 갇히거나
여울에 걸려 제자리를 맴돌기도 하는데
저문 강을 흐르고 떠도는 저 꽃잎들이
실은
가슴속에 흔적처럼 남아있는
그리움의 상처인 줄을 알겠다
나무에 기대어
물에 젖는 꽃잎의 소리를 듣는다

어두운 강위로 별들이 피어났고
꽃의 안쪽으로부터 옛사람이
홍반처럼 돋아났다

봄을 기다리다

겨울 산에 붉은 저녁을 걸어놓고 돌아오는 동안 둥지를 떠난 새들을 생각했다 발자국만 남아있던 빈 가지가 공중에서 눈바람에 젖어 차츰 저물고

산자락에 서서

비 섞인 진눈깨비가 길을 덮는 모습을 바라보았다 젖은 눈덩이가 발바닥에 달라붙어 느려지고 무거워지고 이내 무릎까지 빠지는

산을 거슬러 올라가 나무를 흔들어 떨어지는 빈 가지를 쓸어 담았다 걸어놓은 저녁을 펼쳐서 덮어주는 동안 산이 깜깜해졌고 눈은 산허리를 다 덮었다

호주머니 속 빈 가지들이
따스해지고 가끔은 꼬물거리기조차 한다

어깨가 깊어졌다

철쭉이 붉은 빰을 내보이기 시작했다

입술처럼 돋는 산나물을 따라 어깨에 자루를 묶은 노인 여럿이 줄지어 산으로 들어갔다
숲의 한가운데로 길을 내느라 건드린 철쭉의 모가지가 뚝 분질러졌고 분질러진 자리에서
새들의 발자국이 말갛게 돋아나고

올 풀린 실 뭉치처럼 하루가 조금씩 길어졌다

휘어진 골짜기와 언덕배기를 따라서 봄의 숨소리가 들리고 둥지를 걷는 산비둘기 그림자가 잘게 부서져 불어난 숲으로 내려앉고

뻐꾸기 울음이 내 목덜미로 닿았다 흘러내려서 어깨뼈 사이로 고였고 넘쳐서 웅덩이 같은 가슴으로 스며들었다 숲으로 가는 길이 어둑어둑해지고 산나물로 퉁퉁 불은 자루가 줄지어 내려왔다

철쭉은 여전히 붉은 빰으로 산을 꼭 안았고 골짜기는 차츰 짙어졌고

>

내 어깨에 들인 뻐꾸기 알이 스스로 몸을 굴려 움찔거린다
건너편 산에서 누군가 애타게 제 새끼를 부르고 있다

때로는 나를 부르기도 한다

입춘

낡은 어금니를 병원에 남겨두고
가슴속 틈바구니에 솜뭉치를 끼워 넣고 나왔다

늦겨울이 눈 쌓인 길에서 입김을 내고 있다

폐지를 가득 실은 손수레가 노인을 끌고 골목 저편으로 걸어갔고
나는 솜뭉치로 먹먹해진 가슴을 안고 계단 끝으로 밀려갔다

빈 골목 그늘아래에서 비닐봉지가 나뒹굴고
목욕탕 집 건물 귀퉁이에 드러난 녹슨 철근이 이빨을 부딪치고
발가락이 시리고 잇몸이 얼어붙어
쌓인 눈 위로
솜뭉치를 뱉어냈다

흰 눈 위로 붉은 꽃잎이 낭자하다
언 땅의 틈을 벌려 솜뭉치를 꼭 끼워 넣고
쪼그리고 앉아 한참을 바라보았다

틈 사이로
흙이 젖어들었고

물 흐르는 소리가 들리더니

푸른빛이
반짝 비쳤다

2부

하짓날

할머니가
툇마루 위에 맷돌을 꺼냈다
빨랫줄에 걸린 뽀송한 햇살 아래쪽을
뚝 떼어서
쪼그리고 앉아 구멍으로 졸졸 흘려 넣고
마른가지 같은 어깻죽지로 맷돌을 힘겹게 돌린다

빳빳한 햇살이
반짝이는 가루가 되고 푸른 물줄기가 되어
마루를 적시고 뜰을 지나 담 밑 그늘 아래로 가만히 스며들었다

이제는
더 이상 해가 길어질 일 없겠다

가뭄

새들이 떠났다
그날부터 바람이 멈추고 물소리도 끊어졌다
지독한 가뭄이었다

메마른 강에서는 중심과 가장자리가 오히려 희미해진다
가장 중심의 큰 바위 곁에 눕는다
둥근 바위의 가슴에 수평의 결들이 빼곡히 적혀있다
스치고 할퀴고 더듬었을 물의 흔적들
켜켜이 담아낸 수많은 결들

어루만지다가

한 겹 한 겹 내 안으로 들어와서는
출렁이며 나를 흔들어 놓고 이내 하늘로 걸어 올라갔다

하늘 가장자리부터 둥근 것들이 쌓이고
쌓인 것들이 고여서 마침내 동쪽부터 짙어지기 시작하는데

물길이 하늘 끝에 걸려있었다

자운영꽃

이슬이 발목을 적시는 새벽의 논두렁에 섰다 두렁을 다 덮고 귀밑머리처럼 길게 논 한가운데까지 번진 자운영 꽃무리가 물의 눈빛으로 안개 속에서 젖고 있다

고인 물을 가로질러 소금쟁이가 텀벙텀벙 걸어가고

이제는 내가 걸어갈 때여서 손바닥을 펴고 허리를 굽혀 네 발로 걸어가 논의 어깨를 끌어안았다 물결이 번져서 건너편에 닿았고 흙탕물이 가라앉는 동안 나는 묵은 논의 신음소리를 들었다

가슴이 배겨 팔을 꺾어서 바닥을 만져보니 논의 갈비뼈가 만져졌다 고인물이 넘쳐 적막하여 튀어나온 뼈에 꽃잎을 한주먹 따서 짓이겨 붙여주고 꽃밭 한쪽을 끌어당겨 덮어주었다

아무도 없는 새벽
논두렁을 따라 자운영 꽃들이 쉼 없이 돋아나고 묵은 논이 몸을 털면서 일어나는 것을 보았다 장작더미를 끌어안은 것처럼 배기고 아프던 내 가슴에도 꽃물이 들고 적막했던 몸이 보랏빛으로 다시 환해지는

감자꽃

감자 꽃이 피면

산그늘이 눈을 가늘게 뜨며 배시시 하고

뒤꼍에 널어놓은 누이 속곳, 낡은 레이스가 바람에 할랑거리고

소박맞은 막내이모 한나절을 닦아놓은 흰 고무신이 밤새 뒤척이고

물에 헹구어 낸 쉰 보리밥, 사기 밥그릇 안에서 멀미를 하고

사립문 귀퉁이에 걸린 바람, 괜한 옥수숫대를 꾹꾹 찔러보고

비탈 밭 위로 허옇게 퍼질러 앉은 흰 별무리

꽃상여 따라 동구 밖까지 길게 걸어가고

꽃뱀

붉은 나리꽃이 졌고 줄기 쪽으로 그늘이 깊어졌다 남은 꽃향기가 장독대 곁을 느릿느릿 걸어 다녔다 떨어진 꽃잎을 쓸어 모아 가슴에 안고 서성이다가 작은 항아리에 담아두기로 했다 한 켜를 뉘어놓고 꽃향기를 흘려 넣었고 반질한 돌 하나를 꾹 눌러놓았다 내 안으로 꽃장이 자박자박 익어갔다

열이레만이다 장독대 위로 댓잎이 흩날렸고 깃털 몇 개를 남긴 새들이 물속으로 떠났고 항아리 속으로 바람이 가라앉았고 붉은 꽃물이 배인 향기가 바닥으로 흐르더니 돌 틈으로 미끄러지듯 스며들었다 이끼 낀 돌 틈사이로 고개를 내민 채 혀를 낼름거리는…

뱀의 혀가 붉고 뜨겁고
향기까지 진하다

함박꽃

뜰 앞 빨랫줄에 걸린 이불 한 채

바지랑대에 한쪽이 기울어 절름발이처럼 서서 강 쪽을 바라본다 등짝에 꽃을 한 짐 짊어지고 허리를 꺾어 바람에 흔들리며
햇살 바른 곳을 작대기로 툭 건드리자 놀란 새들은 날아가고 붉은 꽃잎만 쏟아져 내린다 두 손에 가득 담고 넘쳐서 내 가슴으로 길게 흘러들었다

어머니는 언제나 담 밑에 함박꽃을 가꾸었고 먼 길을 떠나자
담 밑도 이내 텅 비었다

가슴을 열고 꽃잎을 한 장씩 꺼내 까슬하게 풀 먹인 무명천에 싸서 담장 아래 꼭꼭 묻어두었다 하얀 천에 붉은 꽃물이 들었고 흙을 적시고 담을 오르더니 마침내 허공까지 붉게 물들였다
여러 날 째
집안이 온통 붉다

햇살 뽀얀 날
먼 곳에서

어머니 함박 웃으시겠다

능소화

담벼락에 기댄 꽃이
그림자 한 벌을 쓸쓸히 걸어놓았다

발끝을 돋우어 옷을 끌어내려 한쪽 팔을 꿰고 가슴을 비틀어 나머지 한쪽 팔을 그림자 속에 집어넣었다 어깨위로 꽃잎이 뚝 떨어졌다

붉은 꽃잎이 처연하다

촘촘히 누빈 바늘땀마다 여자의 빗소리가 스몄고 물줄기가 되어 내 가슴으로 가늘게 흘러 들었고 그해 여름은 더욱 길고 무더웠다
안부편지라도 남길 일이지 어쩌자고 옷 한 벌을 걸어 두었나

쓸어내리는 옷깃에서 시간들이 돋아나와 공중으로 번지고

잇대어 박음질한 꽃잎 속으로
세월의 그림자가 겹겹이 쌓여갔고 깊어졌다

적막한 여름이다

옷이 내게 꼭 맞는다

맨드라미

엄마의 붉은 주단저고리
손바닥을 펴서 쓸어내리면 윤기가 자르르 흐르던 그렇게
등을 다독이며 섬처럼 멀어지던 손길
접고 접은 편지를 노을에 담갔다 꺼낸 것처럼
선홍빛 장미그늘에 찔린 손끝이 떫고 아리다

다 쓰고 버려진 공책
빛바랜 채 한쪽 귀퉁이만 붙어있는 포스터
획 하나가 떨어져나간 여인숙 간판처럼

묵어서 깊어진 것들을 불러 모아 나지막이 물소리를 들려준다

담장 끝에서 함께 깊어가는
저 맨드라미
꽃

배추농사

배추밭 사이로 벌레 한 마리 흘러 나왔다
천천히

툭
건드리자
순간
온몸을 동그랗게 말아 푸른 구슬이 되고

이랑을 따라서 굴러가는 만큼
반짝이며 배추가 한 뼘씩 더 자랐다

나는 배추를 심었고
정작 키운 것은 저 작은 벌레였다

머위

무너진 돌담 틈으로 여린 햇살 몇 개가 흘러나왔다

민달팽이가 젖은 흙을 가늘고 길게 걸어갔다 흘러나온 햇살이 따라 걸으며 물소리를 냈다

바람이 이끼사이를 스쳤고 흔들렸고 나는 벗은 몸으로 젖은 흙 위에 누워 함께 어지러웠다 여자는 말없이 긴 치마폭을 펼치며 내 곁에 앉았다 그늘에 기대어 두 손을 모으고 치마 주름을 당겨서 발목을 덮고 나를 가만히 내려다보았다

손을 내밀어 치마끈을
툭
부러트리자
온 천지로 번지는

쌉싸름한 향내

파밭

빈 어항에 물을 채웠다

창가에 올려놓으니 하늘빛이 가득하여
밭이랑을 따라서
한 줌씩
묻어주었다

열흘만이다

맵고 푸른 송사리가 떼를 지어 다녔다

이슬방울

아침 풋 햇살이 닿아 번지는
산기슭 허리춤
안개의 눈시울이 옥수수 밭에서 붉어진다

눈꼬리가 새파란 잎사귀 가장자리에 매달려
나란히 엉덩이를 까고

알몸으로 해맑게 웃는

참,
속도 없다

속없는 것들의 어깻죽지에서
반짝
비늘이 돋고

틈바구니

노파가 밭을 짊어지고 걸어왔다 회색 털을 가진 고양이가 물끄러미 서서 바라보다가 따라 걸었다 주택단지 빈 집터위에 잘 접힌 밭을 빳빳하게 펼쳐놓았다 한쪽 귀퉁이에 벽돌 석 장으로 수평을 맞추고 '농작물 경작금지'라고 쓰인 팻말을 따라 울타리를 세우는 것이 맨 처음 한 일이었다 봄비가 그친 아침이었다 너무 말라서 종이처럼 바삭해진 밭에 허리를 꺾고 두 손을 모아 불씨를 살리듯 호호 불었다 그렇게 오랫동안 아득하게 꺾여있었다 손바닥 안으로 맑은 한숨이 고였고 고인 것은 물줄기가 되어 이랑으로 흘러들었고 그 물길을 따라 배춧잎이 넓어지고 고추알이 따복따복 맺히고 파 끝에서 몽실몽실 꽃들이 피어났다

낮이 가장 길어지는 날, 포크레인이 밭을 내동댕이쳤다 한번도 수확해보지 못한 노파의 물줄기는 길을 잃고 허물어지고 흩어졌다 여러 달 동안 그 자리에서 집을 지었다 들어선 집에서는 틈바구니마다 축축한 검버섯이 거뭇거뭇 돋아나고

치자꽃 향기

골목길을 날아오르는 흰나비 한 쌍

눈에 아릿하다

팔랑이는 저 날갯짓을 바라보다 멀미가 나겠다

빈 집 양지바른 담장너머로 수북이

쌓인

저 하얀 편지들

하나하나 읽어보지 않아도

절로

눈물 나겠다

하늘을 닦다

비 그친 담장 아래
맨드라미 꽃 돌아서있다
묵언수행중인가 싶은데
어깨가 기울고 목울대가 울컥이고
짧게 올려친 뒤통수 아래 뒷덜미가 붉다

목 굵은 수행자의 등짝과 이마가
땀에 흠뻑 절어 소름이 돋는다
선문답하듯
나비 한 마리 공중을 걸으며
잔잔한 날갯짓으로 하늘을 닦아내고 있다

젖은 화두를 털어냈는가
길고 더웠던 여름이 강을 건너고
하안거를 마친 수행자도 돌아앉아 가부좌를 풀고

그늘이 주저앉은 담장아래에서

마침내

맨드라미의 깨달음으로
하늘이 맑고 깊어지는 것을 보았다

탱자나무 농사

바닷가 여인숙에서 하루를 묵었다 새가

빈 어깨에 내려와 발자국을 무수히 찍었고 그것들이 겹쳐졌고
지금은 딱지처럼 부풀어 단단해졌다

끝이 뾰족하다

모래에 씻겨 하얗게 바랜 바지락 껍질이 파도처럼
밀려와 내 가슴 끝에서 밟아졌다

탱자나무 꽃이 환하다

바다로 향한 탱자나무 울타리가
사실은
새들이 발자국 농사를 짓는 곳이었다

수평선에 매달린 섬을 세면서 하루를 보냈고
농사짓는 새들을 바라보며 여러 날을 더 보냈다

3부

적막의 무게

가을 산을 붉게 태워 다비식을 마친 골짜기마다 크고 작은 바위사리가 그득하다
때마침 눈이 내리기 시작했고
누군가 쌓아놓은 돌탑 위로 돌 하나를 더 얹었다
흩날리는 눈발에 골짜기가 잠겼고 산그늘이 주저앉았고
내가 깊어졌다

계절이 걸어가는 소리를
긁어모아 밀봉하고 내려오는 길

적막한 등 뒤가
시리고
무겁다

호두 두 알

입을 꽉 다문 채 열리지 않는 창문, 이곳저곳을 만져보다가 틈새에 끼인 호두 두 알을 보았다

껍질은 반질했고 주름진 골은 어두웠고 오래전에 길 떠난 아버지의 지문이 발자국처럼 짙게 찍혀있다

호두 두 알을 손에 쥐고 굴려본다 뼈마디에서 물줄기가 흐르고 낫 씻던 앞개울에서 작은 돌멩이 굴러가는 소리 들린다

탄탄한 어깨에 지게를 메고 개울 건너 앞산을 오르던 아버지의 종아리 푸른 힘줄이 울뚝불뚝하다

호두 두 알이
나를 다 적시고 넘쳐흐르겠다

소래에서

바람이 까슬하다
소금을 모으던 염판과 이랑은 바짝 말라있고
무너져 내려
깨진 타일조각과 잡풀로 포개져있다

하얀 꿈을 오지게 담아냈을
소금창고와
단단하고 질긴 고단함이
손바닥에 못 박히도록 묻어있는 개펄에

새들의 발자국이 한꺼번에 바다를 향해있다
돌아온 자국이 없다

소금보다 진한 땀을 흘리며
바다를 밟아 끌어 올렸을
크고 둥근 수차가 무너지고 누워있다

바다를 향해

게들이 집게발을 벌려 하늘 끝을 붙잡고
떼를 지어 바다를 건너가고
더 이상 기차를 올리지 않는 철교 위를

사람들이 무리지어 건너간다

건너는 사람마다
등짝에
젖은 소금을 한 자루씩 짊어졌다

가을 숲을 건너는 법

때늦은 태풍이 썰물처럼 밀려가고 여린 비가 두어 차례 더 내리고 나서 산 그림자 안쪽으로 가을빛이 반짝 비쳤다 빗물에 쓸려 드러난 신갈나무 뿌리가 거친 흙 한줌을 꽉 붙들고 서 있다

바람에 날아가는 첫 낙엽의 포물선이 서늘하고 길다

옷깃을 여미어 천지가 깜깜해질 때까지

나무를 껴안고
가지와 잎을 따라 흐르던 물줄기를 거두어 깊은 골짜기로 걸어 들어가는 발자국소리를 듣는다

돌멩이를 힘껏 던져서 숲 어디쯤에 닿았고 튕겨서 내 몸속 줄기를 따라 두드리고 떨어져 여러 번 구르다가 멈추었고

어디선가 새 한 마리가 날아올라 마른영혼을 나뭇가지에 올려놓고 떠났다 낙엽이 한꺼번에 떨어지더니 이내 숲은 저물고 깊어졌다

가을 숲을 지날 땐

>

나무마다 손을 내밀어 등짝을 다독여주고 낙엽을 모아 드러난 뿌리를 덮어주고 마른가지를 쓰다듬어 주면서

아프냐 묻고
괜찮다 위로하며 건널 일이다

간 고등어

냉동실에 간 고등어 한 마리 누워있다
푸른 몸부림이 아직도 꽃잎처럼 선명한 가슴을 비닐 옷 한 장으로 겨우 가렸다 허전한 아랫배에 손을 쑤욱 집어넣었다

왈칵
바닷물이 쏟아져 나왔다
뜨겁다

어느 한여름에 평생을 원양어선에 기대어 살던 사내가 집에 돌아와 장작불 지핀 아랫목에 누워 땅 멀미로 펄펄 끓는 모습이 보이는 것이었다

다도해

썰물이 깊고 멀어진다고 한다
몸을 채 추스르지 못한 어미고래가
바람에 펄럭이는
파도의 끄트머리를 붙들고
조약돌처럼 매끈한 새끼만 남겨놓은 채
서둘러 길을 떠났다
엉겁결에 받아든 새끼를 안고
나는 여러 날 째 남해의 바닷가를 서성였다
칭얼거리는 새끼를 씻기고 달래면서
때로는 빈 가슴을 내밀어 젖을 물리기도 하면서
밤마다 달빛을 끌어당겨
덮어주고 다독여 주다가
무릎을 세우고 목을 움츠려 잠이 들었다
달빛이 목덜미를 적시고
밀물에 잠긴 발목이 환해지던 날
툭툭 던지듯 무심한 붓질처럼 떠있는
바다 위 고래 떼

다도해에서 보았다

수많은 고래들이 달빛아래
등을 내보이며 잠들어 있는 모습을

계절에 베이다

시간이 닳으면 틈새로 스미듯 계절도 그렇게 오는 걸까 가을은 뒤곁의 오래된 우물터에서부터 눈시울 적시듯 찾아들었다 새들을 모두 떠나보낸 대숲을 돌아 내려갔다 오래된 상처 같은 흔적이 비릿한 물안개를 따라 피어오르고 그 속에 가라앉은 둥근 우물 속으로 여름의 끄트머리가 미지근하게 물을 데우고 있다 허물어지는 빛으로 서 있는 돌 틈새의 이끼가 은밀한 온기를 작은 불씨로 되살려 겨우 버티면서

가을이 조금씩 넘쳐나기 시작했다

우물을 바라보는 시간은 한없이 느려지고 때로는 먼 헛것으로 보이기도 하여 굵고 탄탄한 어깨를 드러낸 채 등목을 하는 아버지와 흰 꽃처럼 웃으며 두레박을 건져 올리는 어머니와 봉숭아 물 들인 가녀린 손끝으로 단발머리를 넘기면서 입 안 가득 꽈리를 까르륵거리는 누이의 모습이 먼 숲처럼 보여진다

넘치고 흘러서 지나간 것들이
아직도 이곳엔 그대로인데

나는 저문 들판을 걸어서 바삭한 빈 둥지처럼 돌아와 앙상하게 병상에 누워있는 아버지와 허리 굽어 폭삭 가라앉은 어머니와 식당 허드렛일로 손발이 벌겋게 퉁퉁 부은 누이 모습을 멀

리 서서 그저 바라보았다

입술을 깨물어도 공연히 서러움에 젖는

낯선 이 계절에 가슴이 한 웅큼 깊게 베인다

문턱을 베고 눕다

그랬어
문턱을 베고 누우면
시간들이 겅중겅중 징검다리를 건너와
목젖을 따라 기억의 샘이 열리고
마침내
내 몸을 깨워 흐르고는
물결 같은 싹을 틔우고 꽃을 터트리고
이내 시들어 바삭하게 손마디 사이를 흘러내리지
여기에 누우면
대숲에서부터 왜 바람이 시작되고
그 바람이 홀로 목어를 밤새워 두드리며
어둠을 재우고 새벽을 깨우는지
내 한 생을 다 돌아볼 수가 있어

닳아서 희미해진 저녁햇살이 문턱을 넘어와 곁에 누웠다 얇고 가냘픈 햇살이다 뒤척일 때마다 낡은 시간의 기억들이 풀썩이며 방안을 먼지처럼 돌아다닌다

삼대째 누워있는 낡은 문턱을 베고
평생을
서성이고 기웃거리기만 했던 내게
햇살의 끝이 다가왔고 덮어주었고
가만히 다독였다

집이 강을 건너갔다

묵은 집을 헐었다 초가였던 지붕을 걷어내고 양철로 올린 집이었다 녹슨 지붕 끝이 강쪽으로 기울었다

붉은 주춧돌을 쓰다듬고 집을 한 바퀴 돌아 나오는 동안 내 발자국 소리에 한순간 집이 먼지처럼 가라앉았다 미처 인사를 할 사이도 없이 검버섯 같은 기둥과 서까래와 마룻대가 부러지고 나뒹굴었다 집도 사람처럼 생을 마치는 것이 이처럼 한순간이다

아버지는 집을 가슴에 안았고 어머니는 등에 짊어지고 살았다 찢어진 벽지의 두께가 말해준다

먼지가 날아올랐다가 내 가슴에 켜켜이 쌓이는 것을 바라본다 대들보에 쓴 상량문이 흘러서 허리를 굽히고 강을 건너갔다

누군가
강 건너에서
나를 부르는 소리를 듣는다

우둔저수지

언젠가

아랫마을 언덕에 둑이 쌓였고 마을로 물길이 닿아 논이 잠기고 밭이 잠기고 집마저 저물어 잠기더니 여러 해 동안 길 잃은 사람들이 물가를 뒤척이다가 마침내 그 일을 기억하는 이 조차 하나도 없게 되었다

물총새가

저수지에서 묵은 장독 하나를 짊어지고 걸어 나왔다

집으로 돌아가는 길을

저 새가

알고 있었다

묵은 나무 속살

목수 일만 50년 했다는 윗집 오씨 형님이 오래 묵어 깜깜해진 나무기둥을 눕혀놓고 대패질을 한다 흘러가듯 천천히 몸을 구부렸다가 순간 잡아 챌 때마다 도르르 말린 얇은 대팻살이 깃을 퍼덕이며 공중에 날아올라 저수지 너머로 내려앉았다 나무의 속살이 환하게 드러나서 눈을 질끈 감아버린다 내 겉옷과 속옷을 모두 벗어준다 해도 저 마음을 다 가려주지 못하겠다
봄 햇살아래 드러난
참으로 민망한
묵은 나무의 저 뽀얀 속살

달의 꽃

하늘아래 맨 윗동네다

골목길을 둘둘 말아서 꼭 안아주었다
맥박은 희미하고
식은땀에 젖어 내 쪽으로 기울어진 길이다
고른 숨이 되기를 기다렸다
빳빳하게 굳은 계단을 흘러나온
달빛이
꺾인 뼈마디와 살의 틈새를 씻기고 스며서
따개비 같은 이 마을을 어떻게 어루만지는지
한참을 더 기다리면서 바라보았다

하월곡동 산 2번지

산 아래 재개발 아파트를 휘감고
어렵게 오른 바람이
언덕에 몰려와서는 이내 시들어버렸다
도시가 잠들고 나서야
산동네에 달빛이 꽃처럼 가득 무리지었다
좁은 골목과 가파른 계단까지
달이 손을 내밀어 밝혀주는데
마디마다

맺힌 꽃들이 희고 환하다

내 안의
가파른 마음에도 하얀
달꽃이 켜지는

익숙한 풍경

골목길 빨간 벽돌 담장 위에
비스듬히 누워있는
운동화 한 짝
바람에
깜깜한 속내가 설핏하다

채 여미지 못한
가슴이 낡고 다 헤졌다

환한 기다림

눈이 침침해졌다

먼 것은 먼 것대로 가시나무처럼 아른거리고
가까운 것은 가까운 것대로
흐르는 냇물바닥을 더듬는 것 같다

장터 맨 끝집
안경점에서 다촛점 렌즈를 맞춰 끼웠다
세상이 두 뼘 높아지고
나는 두 길만큼 낮아지고
아득해지고
비로소 문풍지 같은 빛이 환해졌다

먼 것은 먼 것대로
가까운 것은 가까운 것대로
너를 바라보고
기다리는 것도

이처럼 밝고 환했으면 좋겠다

벽을 유영하다

밧줄 하나로 허공에 매달린 사내가 있다 햇빛을 가려 올려다 보는 손차양 안으로 섬 하나가 들어왔고 그 사이 하늘은 출렁이는 파도가 되었다 좌우로 물결을 타면서 몸을 들였다가 내밀기를 반복하는데 바라보는 내 가슴은 먹빛이다

까마득하게

아파트 외벽에서 페인트칠을 하고 있다 빠르지도 느리지도 않은 몸짓이다 베란다 창문에서 햇살이 허리를 휘며 힘차게 튀어오른다 등이 푸른 유리 물고기 떼가 몰려다닌다 사내의 거친 숨소리는 매끄러운 비늘로 돋아나고 검붉은 팔꿈치는 긴 지느러미가 되어

허공의 끝은 사내의 바다였다

막막한 삶의 빛바랜 벽을 딛고 사내가 긴 장대를 저으며 유영을 한다 그 길을 새들이 따라 걷는다 어딘가에 위태롭게 매달려 있다는 것이 이처럼 고요한 자유로움으로 보여질 수도 있는가

하루를 길게 꺾인 목으로 허공을 바라보았다

>

종일

사내가 온몸을 벽에 문질러 남긴 자국이 노을 진 하늘에 반쯤 걸렸다

수직의 바다에 눕다

며칠째 대숲에서 파도소리가 들렸다

뒤꼍으로 난 창을 열고 귀를 기울였다 바람이 대숲 사이를 서성이다가 그중 제법 실하고 살결 고운 대나무 하나를 슬쩍 건드려 산쪽으로 눕히자 한순간 숲은 모래톱이 무너지듯 덩어리가 되어 밀려갔다 다시 밀려오면서 길게 울고 있었다

바람소리에 마음이 수척해졌다

먼 바다에서 새들이 돌아왔다 숲에 새들이 가뭇가뭇 섞여들어 지친 깃을 다듬는 동안 바다빛깔 푸른 솜털이 사방으로 흩어졌고 더러는 흘러서 마디에 가만히 스며들었고 스민 곳에서 파도소리가 버짐처럼 피어났다 미처 스미지 못한 갯내음이 바닥으로 번져서 숲 사이를 걸어 다녔다

밤새
대숲은 해초처럼 바람에 밀려갔다 밀려오고
내 안은
파도소리로 헛헛하고

수직의 바다에 맨몸으로 누워
젖어

잠기는 동안

등짝이
소라껍데기 속처럼 깊고 깜깜하다

4부

스며든 풍경

어깻죽지가 가난한 새는 알겠다

흩날리는 것의 마음에도 깃이 있다는 것을
떨어지는 것과 날리는 것이 뒤섞인 채 진눈깨비가
가득
하늘을 걷고 있다

겨울강과 눈 덮인 앞산 비탈이
굽이쳐
내게 들어와 스몄고

밤새 깃을 다듬던 늙은 새가
가슴에 발가락을 묻고
멀리

흩날렸다

눈 한 점

사립문을 열고
발자국 하나 없는 길을 따라
눈을 쓸고 있는 사이

산과 다음 산과 그 다음 산 사이로
혼잣말처럼
싸락눈이 내리고
이내 산이 갈비뼈를 드러냈고

열린 창으로 날아든
눈 한 점이
화로에 닿기도 전에 녹았다

천지를 붉은 가슴으로 흩날리던
지난 시절이 겨우

눈
한 점인 줄 이제야 알겠다

겨울나비

묵정밭에 마른풀만 숭덩숭덩하다

햇볕이 들지 않는 자리엔 아직도 눈이 쌓여있고 눈길 먼 매화나무 가지 끝에서는 쌀알 같은 작은 세상이 자신의 둘레를 단단하게 쥐고 있다 그 곁을 나비가 서성이고 있다

흩어진 햇살을 끌어모아 가지 끝에 매달아놓고

날개를 비비면서 떨다가 얼어버린
나비의 투명한 입김을 바라본다

너무 일찍 깨어난 나비였다

내가 참견할 일은 아니지만 떨어트린 날개에 매화꽃을 그려 넣고 바람에 날려 보냈다

좀처럼 봄은 오지 않고
나는 마른풀만 숭덩숭덩한 묵정밭을 서성이면서
먼 곳에서 잠든 당신과
내 안에서
너무 일찍 저물어가는 지나간 것들을 바라본다

매미허물

모과나무 줄기를
꽉 움켜쥔 매미 한 마리
빈
껍질로 붙어있다

일년 반만에 퇴원하는 아버지를
업고 돌아오는 동안
등짝이
허물처럼 가볍다

언젠가 반질한 자전거 뒤에 앉아 너럭바위 같은 등에 기대어 찌릉거리는 방울소리 들으면서 강둑을 힘차게 달리던 아버지의 단단한 숨소리를 기억한다

갈라진 허물의 등짝에서 바람소리가 났다
볕바른 창가에 수북한 흰 약봉지들이

고요하다

겨울 내린천

눈이 내리고
내린 눈은 고요하고
청정한 이곳에선
내가 선 그림자조차 큰 허물이 된다

물길은 눈을 얹고 어디론가 휘어지고
더러는 먼 시간의
그늘 아래로 거슬러 오르기도 하여
점봉산 자락 어디에서
비탈 밭을 일구던 청년의 땀방울과
내린천변 어디에서
뗏목을 엮던 노인의 손길을
아슴아슴한 내력으로 기억한다

이토록 물길이 길고 깊다는 것은
제 그리움으로 걸어온 시간들을
오랫동안 무던히 덜어낸 것이었음을

울지마라 울지마라

언젠가 달빛이 눈처럼 내리는 날
전설 벗은 기린이

비늘마다 이끼를 털고
햇 물길을 따라서 뚝뚝 걸어 내려오리니

버려진 밥상

골목길에 버려진 개다리소반 위로 새벽서리 밥풀 꽃이 그득하다
다리하나 심하게 절고 있다

며칠 밤을 이슬처럼 축축하고 깊은 적막 속에 갇혀있더니 어쩌자고 지난밤에 황홀한 꿈에 젖었던 게다 짧은 발뒤꿈치를 들고 밤새워 화려한 밥 냄새를 이고 서 있었던 게다 무슨 일일까 단단하게 만져지는 허공 같은 상처에는 아직도 수액이 강물처럼 흐르고 굵은 힘줄이 미루나무 잎처럼 수렁수렁 돋아나와

설움도 오래참고 기다리면 홍반처럼 돋았다가 사그라질까

한때는 가족의 중심이었을 치열한 삶의 위로가 되었을 것이 허물처럼 빛바랜 들판처럼 남루하다 여린 바람에도 자꾸만 발을 헛디디고 덜컹거리며 걷는 저 들판처럼

참새들이 붉은 발가락을 종종거리며 밥풀 꽃을 물고 빈 골목길을 한꺼번에 날아오른다

골목길
밥상 한 가운데에서
오색 자개나비 한 쌍이 길을 잃었다

겨울 비

아파트입구에
파란색 트럭 지붕 위로
겨울비가 촘촘히 내리는데
긴 꼬챙이에 꿰인 닭들이
짐칸에서
매운 장작불을 나란히 쬐고 있다

모두
땀을 뻘뻘 흘리고 있다

간결한 결혼식

새벽안개에 잠긴 시냇가 오솔길을 따라 서리꽃이 만발하다

모두가 반짝이는 흰옷차림이다 목덜미가 깊은 신부의 드레스 옷자락 마다 진주구슬이 촘촘하고 흰 레이스 옷소매가 두근거리고 던져지는 부케가 공중에서 눈부시다

낮은 햇살이 시냇가로 스미는 동안

신혼부부는 서둘러 길을 떠났고 하객들은 한꺼번에 흩어졌고 셈을 채 마치지 못한 혼주는 눈물을 훔칠 새도 없이 마른풀밭 사이로 지워졌다

너무 짧은 순간이다
초겨울 시냇가 서리꽃 결혼식장이

순간
고즈넉하다

틈새

밤새 비가 내렸다 젖은 천정으로 새벽이 천천히 번지는 동안 빗줄기도 야위어갔다 낙숫물 소리가 뒤꼍으로 띄엄띄엄 걸어가자 내 옆구리에서도 물 흐르는 소리가 들렸다

마른 기와 몇 장을 짊어지고 사다리를 기대어 지붕의 중간쯤을 올랐다 젖어서 깜깜해진 기왓장이 서로 등을 비비면서 삐익 삐익 새 소리를 낸다

깨진 기와 틈새로 솜털 보송한 참새새끼가 비를 맞고 있다.

기와를 안고 틈새 앞에 쪼그려 앉았다 눈이 비처럼 내리는 어느 겨울날 전셋집을 찾아 헤매던 젊은 부부를 생각했다

한 달 이상 긴 장마였다 그 사이 천정은 젖어서 내려앉았고 기와 틈마다 풀들이 한 길씩 자랐고 지붕에는 새들의 발자국이 가득했다

비가 그치자
머리에 기와를 얹은 새들이 하늘 틈새를 향해 한꺼번에 쏟아져 올랐다

대숲의 고요

떠난 사람이 있다
기억은 말라붙어 흐릿한데
한쪽 어깨가 기운 뒷모습이 선명하다

흰 목덜미에 얹힌 잔 머리카락 같은
서러움이 꾸불텅한 숲길을 따라
새벽 달빛처럼 깔려있다

내가 잊었던 혹은 잊으려 했던
기억을 아껴서 낙엽아래에 묻고 다독이고
손을 툭툭 털고 나서 새벽 숲길을 걷는다

고요하다
길은 바싹 말랐고 새소리도 말랐다

첫서리가 내리고 댓잎마저 시들해졌다
뒤돌아보면 대숲너머 어디에서
옷깃을 여미고 한쪽 어깨가 기운 채

떠난 사람이
아직도 빈 들판을 걷고 있었다

아름다운 조화

한쪽 발을 딛을 때마다
잠시 기우뚱 솟아올랐다가
서서히 가라앉는 골목길
걷는 사내의 등 뒤가 텅 비어
서늘하고 습습하다

곁을 따라 걷는 아이
깃을 퍼덕이듯 햇살조각을 모아
머뭇거리는 바닥에 뿌려준다
그렇게 아이의 발걸음에
골목길이 한 촉 밝기로 환해졌다

다리를 저는 사내와 손을 잡고 걷는 조그만 아이

담과 담 사이를 헤치며
흘러가는 배 한척
좌우로 잠시 기우뚱 했다가도
마음무게가 서로의 중심이 되어
향기롭게 미끄러져 가는

저 아름다운 조화

요망스러운 벽

눈물을 흘리는 벽이 있어요

강원도 원통 버스터미널, 회칠이 떨어져 나가고 드러난 흙벽에는 쥐 오줌인지 아니면 빗물이 스민 것인지 모를 자국이 흐르고 있는데요 슬픔도 너무 크고 깊으면 울음도 나오지 않는다고 하데요 가슴을 쥐어뜯으며 꺼억꺼억 눈물만 흘리는 여인네처럼 어둡고 축축한데요

먼지처럼 낡은 천장을 비껴쓰고 반공 방첩 표어를 아직도 빛바랜 훈장처럼 가슴에 붙이고선 말이지요 그렇게 눈물을 흘리고 있더라고요

바람이 부는 날이면 허물어진 가슴을 열고 오래된 악기처럼 느릿느릿 소리를 내는데요 언젠가 땅에 가슴을 묻고 어린 풀을 키워내던 얘기를 하기도 하고요 자신을 치대어 벽을 세웠던 노인에 대한 얘기를 하기도 하고요 눈보라를 헤치고 먼 남도에서 갯내음 풍기며 새빨간 갓난아기 들쳐업고 군대 온 남편을 면회오던 어느 처자 얘기를 하기도 하면서요

속절없이 눈물을 흘린다고 하데요

사람들은요 벽도 오래되면 제 속을 다스리지 못하고 요망스러워 진다고 하는데요 사실은

버스 터미널을 허물고 곧 다시 짓는다는 것을 그도 이미 알고 있기 때문이라고 하네요

빈 의자

무릎을 껴안고 웅크리고 앉은 빈 의자가 있다 겨울나무 그림자가 뒤채는 골목 끝 담벼락 아래

굵기도 넓이도 제각각인 나무토막들이 서로의 몸으로 단단하게 붙들어 맨 토막잇기 의자다 잇대고 덧대어 실핏줄이 드러난 정강이에 어설픈 망치질 자국이 퍼렇고 낡은 페인트칠이 각질처럼 일어나 검은 속살이 드러나는

의자 위로 찬 겨울 빛이 쌓인다

쌓인 빛이 흘러서 그림자를 키우고 허물의 등껍질이 갈라지듯 의자에서 의자가 걸어 나왔다

의자가 의자에 걸터앉아

기우는 햇살을 바라보다가 허공을 더듬다가 우두둑 무릎을 펴기도 하는데 이제는 툭툭 털고 떠나는가 했다 하지만 온종일 머물지도 않았다

그늘에 기댈수록 토막들은 서로가 서로를 꼭 껴안고 더욱 단단해지고

>

때로는 햇살이 기웃거리는 만큼씩 앉은 그림자도 젖어서 축축해지는

적막한
골목 끝 빈 의자
하나

마음의 물결

이른 새벽이다
새 울음소리로 귀를 씻으며 가랑잎 쌓인 산자락을 느리게 걸어 내소사에 이르렀다

첫서리가 굽은 내 어깨와 머리에서 흩날렸고 대웅보전 문살에 만개한 꽃들이 환하게 웃고 있다 연꽃 같기도 하고 국화꽃 같기도 한 문양들이 정교하게 한 칼 한 칼 새겨져 있는데

가만히 들여다보니
꽃잎의 속살마다 나무의 갈비뼈 같은 문양이 물결처럼 번져 있다 하나씩 공들여 깎고 새기고 다듬었을 목수의 마음이 어찌 늘 잔잔하기만 했겠는가

내소사 옆 개울가에 앉았다

언젠가 이곳에서
심성 깊은 늙은 목수가 숫돌에 물을 적셔 끌을 벼르고 손을 씻고 귀를 말리며 아내와 자식 생각에 잠시 흔들렸을

손끝에 번져서 남몰래 새겨놓은
출렁이는 마음일 수 있겠다

>

두 손 가득 담아낸 개울물이
맑고
차고
시리다

저녁의 부력

나무가 나무에게 수긋이 기대어

돌아앉는 한쪽 어깨가 어둡고 흐릿하다

눈발을 그으며 날아온 새들이

나뭇가지에 발자국을 흩뿌려 놓고

더러는 저수지에 깃털을 몇 개 흘려놓고 산의 어깨를 파고
들었다

저녁이 차츰 무거워지는 동안

가슴에 박힌 돌멩이가 가벼워졌고 떠올랐고

언 저수지 위를 환하게 쓰다듬었다

울음의 온도

골짜기를 따라 여기저기 부딪쳐 생긴 물의 굳은살을 문지르고 닦아주고 한참을 더 올라갔다 빈 나무들 가지 사이로 내린 햇살이 잘게 쪼개지고 번져서 바닥에 혼곤하고

산밤나무 둥치에 발가락 끝을 질러넣고 바싹 달라붙은 매미 허물

내용물을 다 들어낸 빈 비닐봉지처럼 헛헛한 등껍질
찬바람에 씻기고 부서져 공중으로 흐르는 빛바랜 햇살

허물 속에서 파도소리가 웅성거린다

귀를 가까이 대자 폭풍 같은 울음이 내 안을 따라 두드리고 먼 산으로 천천히 번졌고 그 울림의 흔적이 사라질 때까지 한참을 내버려 두었다

늦가을 기우는 산 그림자를 따라서 허물에 붙은 빈 눈길을 따라서 마침내 찬 서리가 내렸고 이내 울음도 끊어졌다

울음에 데인 자리가 얼마나 깊고 저린지 하루 종일 걸어서 산 하나를 넘지 못했다

해설

연민의 감성, 그리고 기다림의 시간

오윤정 문학평론가

연민의 감성, 그리고 기다림의 시간

오윤정 문학평론가

시인은 어떻게 '시인다움'을 갖는 것일까? 또한 시는 어떻게 '시다움'을 보여주는 것일까? 밥상에 물리듯 문득 시가 어렵고 힘들어진 나는 한동안 그 '시다움'을 조금은 삐딱한 눈으로, 혹은 조금은 호기심어린 기대감으로 찾아보곤 했다. 어떤 시인은 그 '말쓰임'만으로도 읽는 이를 압도한다. 시인이 아니라면 구사할 수 없는 표현이다. 이러한 표현은 단지 글자 배열만으로 이루어지지 않는다. 시다운 표현은 멋진 표현 이상을 말한다. 생각지 못한 이미지들의 연결, 그 안에서의 의미의 비약과 증폭, 문득 단어의 연쇄들 사이에서 순간적으로 이런 말도 안 되는 과정을 경험하는 것은 짜릿한 기쁨과 환희를 준다. 그 환희는 시인과 독자인 나 사이에는 같은 것을 느꼈을 때의 공감, 유대감, 친근감, 이런 공유의 감정들로부터 생겨난 것이다. 그가 말하는 것을 내가 알아들었다, 시인이 느꼈을 그 순간의 감정을 나도 느낀다, 그리고 그는 이 순간 이런 생각을 하는구나 하는, 이름도 얼굴도 모르는 사람에게 느끼는 그 무한한 공감. 이런 기쁨의 순간은 비단 시를 읽고 공부하는 몇몇 사람에게만

한정되지 않는다. 문득 생각해 보라. 사랑에 빠져 있을 때, 우울과 자괴감에 빠져 슬럼프의 바닥을 기고 있을 때, 참으로 사는 게 아무것도 아니다 허탈감에 빠질 때, 문득 나를 되돌아보게 하고, 나를 찡하게 만드는 말들이 정말로 없었는지. 지하철에 걸려 있는 시 한 구절, 어느 대형서점이나 시청 앞 광장에 걸린 어떤 말 한마디, 단순한 말들의 연쇄가 나를 강하게 떠밀고 간 적은 없었는지.

이러한 순간적인 시 읽기의 기쁨은 곧 시 한 편, 시집 한 권, 더 나아가 시인에 대한 호기심을 갖게 한다. 얼굴조차, 심지어 성별조차 모르는 타인에게서 나는 누구와도 말하지 못했던 깊은 속내를 듣는다. 그 여릿한 감성, 감출 수 없는 상처들, 그리고 괜찮다 괜찮다 나를 다독이며 일어서는 사람의 단단함에 이르기까지, 그 숱한 깊은 내면의 속살을 시를 통해 만난다. 또한 시에서 우리는 자신과 타인에 대한, 그리고 삶의 모습이나 죽음에 관한 깊이 있는 시선과 조우한다. 좋은 시 한 편에는, 그리고 그러한 시들이 엮인 시집 한 권에는 오랜 시간 시인의 내면이, 한 사람의 인간다움이 오롯이 드러나 있는 것이다. 그래서 나는 여전히 시를 놓지 못하고 시를 사랑하며 시를 읽는다.

심기선 시인의『수직의 바다에 눕다』는 주위의 수다한 존재들에 대한 시인의 깊은 감성이 드러나 있는 시집이다. 그의 시들은 쉽게 읽히지 않는다. 그 안에는 맨드라미, 머위, 함박꽃, 딱다구리, 꽃, 둥지, 나무와 같은 자연과 화분, 햇살, 일상, 그리고 누이, 할머니, 엄마 등의 사람들이 나타나며 그러한 존재들은 시인의 감성을 따라 움직인다. 또한 시인은 일상과 사물을 통해 자신의 서정을 발견하며 전개해 간다. 그렇다면 이 수많은 소재와 수다한 말들을 헤치고 시인의 내면을 찾아가는 길은 어디인가? 나는 시적 화자인 그에게 어떻게 다가서야 할까? 시를 통해 시적 화자인 그와 독자로서의 나는 무엇을 공감하게 될까? 시 읽기는 이러한 고민에서부터 시작한다.

기다림의 시간, 그 적막함

기다림은 많은 시인들의 시에서 자주 등장하는 감성 중 하나다. 그것은 그리움, 바람, 기원 등의 여러 열망들과 함께 한다. 그런 점에서 일반적으로 기다림은 미래지향적이다. 그것은 다가올 시간이나 대상에 대한 기대와 끊임없는 열망을 포함한다. 그러나 심기선 시에 나타나는 기다림은 이러한 열망과는 다소 거리가 있다. 그것은 아직 비우지도, 채우지도 못한 시간에 대한 것으로 보인다. 기다림의 시간성은 늘 지나간 시간(존재)과 다가올 시간(존재) 사이에 놓여 있다. 그것은 무엇으로도 채워지지 않았기에 텅 비어 있는 것이고, 시간 사이의 간극이며 허무의 심연이 된다.

햇살 나른한 담장아래

지난겨울
흉가처럼 말라죽은 화분을
혹시나 하며 기다리다
봄날이 다 기울어서야 쏟아버렸다
삭은 잔뿌리와 시든 흙의
뼈마디가
화분모양으로 둥글게 휘어있다

—「봄꿈」 부분

깃털이 채 마르지 않은 새끼들을 데리고 딱새가 집을 떠났다
어제까지 헛간 지붕틈새를 팽팽하게 드나들었는데 순간 줄이
툭 끊기듯 적막하다 흩어진 깃과 지푸라기만 남은 빈 둥지의
어깨가 허전해서 가만히 쓰다듬어 주었다

—「아카시아 나무」 부분

이들 시에서 시적 화자는 사라져 버린 것 사이를 떠나지 못한다. 혹시나 하는 마음에 기다리다 기다리다 결국 '봄날이 다 기울어서야' 그 미련을 쏟아내는 것이다. 그러고서도 그의 시선은 죽은 식물의 잔해에게서 떠나지 못한다. 둥글게 '삭은 잔뿌리와 시든 흙의 뼈마디'는 내 기다림의 흉터들이다. 시간은 죽은 것을, 죽어가는 것을 시들고 메마르게 만든다. 그렇게 남은 것들을 바라보는 시적 화자의 시선은 애잔하고 무겁다. 생명이 깃들고 나간 그 적막의 시간들을 우리는 어떻게 견딜까? 생명이 이미 기운 것을 알고도 혹시나 하며 기다리는 마음, 깃털도 채 마르지 않은 채 험한 세상으로 떠난 어린 것들을 바라보아야 하는 막막함과 씁쓸함, 충만히 채워져 있던 것들이었기에 그 화분과 빈 둥지는 더할 수 없이 적막하다.

흥미로운 것은 이들 시들에서 이와 같이 채우고 비우는 기다림의 시간이 자주 '굽다', '휘다'의 형태로 재현된다는 것이다. 이미 죽어버린 화분의 식물은 화분 모양으로 '둥글게 휘어있다'. 그것은 다음 시의 '흩어진 깃과 지푸라기만 남은 빈 둥지의 어깨'를 닮아 있다.

굽어서 둥그란 할머니가 손수레를 밀고 사거리를 건넌다

—「동그란 햇살」 부분

나는 호두나무를 안고 한 계절 내내 잠이 들었다

—「불임나무」 부분

시간들이 돌돌 말려 고요 속으로 쌓여가는 것을 보았다

—「봄 감기」 부분

수다한 이런 시들에서 보듯 심기선의 시에서 이런 사라지는 시간들은 늘 '둥글게 말린' 것으로 나타난다. 빈 둥지의 여린 어깨처럼, 화분모양으로 둥글게 휘어 있는 식물의 뼈마디처럼 그것은 둥글게 몸을 만다. 그것을 쓰다듬고 만져주는 시인의 손길도 둥글게 휘어진다. 무엇도 시간의 둥근 뭉치를, 그를 향한 연민의 둥근 손길을 막을 수 없다. 우리 또한 어린 아이의 어깨를, 죽은 아비의 눈을, 휘어져 자라나는 나무와 잎들을 기다림과 연민의 눈으로 쓰다듬은 적이 있다. 그런 둥근 것들은 서로에 대한 위로와 연민을 드러내며, 서로 엉키고 엉켜 실타래 같은 기억의 고리들을 만든다.

시간이 이렇듯 쌓여가는 것은 끊임없이 중첩되는 시적 문장과도 무관하지 않다.

뜰 앞 빨랫줄에 걸린 이불 한 채

바지랑대에 한쪽이 기울어 절름발이처럼 서서 강쪽을 바라본다 등짝에 꽃을 한 짐 짊어지고 허리를 꺾어 바람에 흔들

리며

햇살 바른 곳을 작대기로 툭 건드리자 놀란 새들은 날아가고 붉은 꽃잎만 쏟아져 내린다 두 손에 가득 담고 넘쳐서 내 가슴으로 길게 흘러들었다

어머니는 언제나 담 밑에 함박꽃을 가꾸었고 먼 길을 떠나자 담 밑도 이내 텅 비었다

— 「함박꽃」 부분

『수직의 바다에 눕다』에 실려 있는 대부분의 시들은 이와 같다. 행과 연 안에 다양한 문장이 연쇄적으로 중첩되어 하나의 풍경을 그려내고 있는 것이다. 위 시를 예로 든다면 이 시의 문장은

① 뜰 앞 빨랫줄에 걸린/ 이불 한 채

② 바지랑대에 한쪽이 기울어/ 절름발이처럼 서서/ 강쪽을 바라본다/ 등짝에 꽃을 한 짐 짊어지고/ 허리를 꺾어/ 바람에 흔들리며/
햇살 바른 곳을 작대기로 툭 건드리자/ 놀란 새들은 날아가고/ 붉은 꽃잎만 쏟아져 내린다/ 두 손에 가득 담고 넘쳐서/ 내 가슴으로 길게 흘러들었다/

③ 어머니는 언제나 담 밑에 함박꽃을 가꾸었고/ 먼 길을 떠나자/ 담 밑도 이내 텅 비었다/

와 같이 사선(/)으로 구분된 여러 개의 문장의 연쇄로 이루어져 있다. 특히 두 행으로 구성된 ②연의 경우 여러 문장이 겹겹

이 이어지며 시상을 형성한다. '바지랑대'는 '한쪽이 기울어/ 절름발이처럼 서서/ 강쪽을 바라본다', 그리고 그것은 다시 '꽃을 한 짐 짊어지고/허리를 꺾어/ 바람에 흔들리'고 있다의 문장으로 다시 서술된다. 다시 말해 '바지랑대'의 묘사는 총 6개의 서술어를 통해 이루어지고 있는 것이다. 이는 다시 '새와 붉은 꽃잎'으로 연결되면서, '내 가슴으로' 흘러든다. 이와 같이 '바지랑대-새와 꽃잎-내 가슴'의 시상 전개는 1연의 이불 한 채처럼 텅 비어버린 존재의 적막하고 허전한 풍경을 묘사한다. 자연, 사물, 인간의 서정으로 이어지는 이와 같은 시상 전개는 3연에서도 반복된다. '어머니'와 '함박꽃'은 '떠나다-비다'로 연결되며 떠나버린 존재의 적막함을 보여주고 있는 것이다.

이와 같이 시인은, 여러 문장이 겹겹이 연결되면서 쌓여 있어 상당히 많은 의미가 시 안에서 발생하는 문장을 구사한다. 이와 같은 겹문장의 사용은 마치 유화물감을 캔버스에 덧칠하는 듯한 느낌을 주기도 한다. 붓 한 번의 스침이나 물감의 농도에 따라 그림의 음영이 달라지는 수채화에 비해 유화는 캔버스 가득 기름물감을 덧칠하며 색을 덧입히며 붓의 질감을 드러내는 것이다. 색에 색을 올려 덧칠하듯, 시의 의미는 문장의 중첩을 통해 실현된다. 다시 말해 빨랫줄, 이불 한 채, 바지랑대, 바람, 햇살 바른 곳, 놀란 새들, 붉은 꽃잎, 함박꽃, 담 밑으로 이어지는 풍경 묘사는 여러 문장으로 나뉘어 중첩된 채 '먼 길을 떠나다'에서의 어머니의 부재와 '이내 텅 비었다'의 시인의 감성으로 이어지고 있다는 것이다. 특히 심기선 시에서 이러한 문장은 두 가지 효과를 갖는다고 생각되는데, 첫째는 하고자 하는 많은 말들을 시행 속에 한꺼번에 담아 넣는 느낌이 든다는 것이고, 또 한편으로는 이러한 말들의 중첩으로 인해 시의 두께가 두꺼워지는 느낌을 받는다는 것이다.

그의 시가 이와 같은 의미의 두께를 갖는다는 것은 그가 시에서 보여주고자 하는 감성이 얼마나 많은지를, 동시에 그 감성이 먼저 많은 말을 쏟아내야 할 정도로 말하기 어려운 것이라는 점을 동시에 보여준다. 그의 시는 이처럼 한 번에 자신의 감성을 말하는 법이 없다.

오래 묵은 밭이다

꽃을 따라서
꿀벌을 몰고 오던 사내가
밭을 가로질러 가슴을 펼쳐놓았다
해종일 벌들은
별바른 꽃의 사연을 안고 날아와
속삭이듯 들려주고
사내는 며칠 동안
차곡차곡 받아 적어 가슴속을 가득 채웠다

꽃잎이 시들고
쑥대궁이에 그림자만 남았다

빈 밭이 고요하다

내 묵은 가슴속에도
입술자국만 남기고 떠난
그리운 이가 있다.

—「떠난 사람」 전문

이 시의 시상 또한 '오래 묵은 밭', '꿀을 따는 사내', '벌들과 꽃의 사연', '그림자', '빈밭', '묵은 가슴 속', '그리운 이'로 이어진다. 시적 화자는 꿀을 따러 온 사내와 한 계절의 풍요를, 동시에 모든 것이 떠난 이후의 시간을 묘사한다. 이 시 또한 풍경의 묘사와 시적 화자의 감성이 앞의 시와 동일하게 전개되고 있는 것이다. 자신을 둘러싼 일상의, 혹은 자연의 풍경들은 곧 시인의 감성을 만들고 시인의 감성으로 해석된다. 여기에서 시적 감성이나 주제를 형성하는 데 중요한 역할을 담당하는 것이 바로 시의 제목이다. 심기선 시에서 시의 제목은 상당히 오랜 시간을 들여 궁리한 것들이다. 그는 단순히 소재나 이미지를 제목으로 내세우지 않는다. 시를 이해하는 데 시의 제목은 마치 그림의 의미를 확정하는 그림의 제목만큼이나 중요한 역할을 차지한다. 이 시에서도 '떠난 사람'이라는 시 제목은 '그림자'나 '빈 밭'을 남겨둔 벌을 치는 사내일 수도 있지만, 한 계절일 수도 있고, 꽃이 피고 시들고 지는 시간일 수도 있다. 동시에 내 묵은 가슴에 묻힌 '그리운 이'이기도 하다. 사내와 시간(계절)의 흐름, 그리고 그리운 이가 이와 같이 병치되면서 '떠난 사람'의 다양한 의미 층을 만들고 있는 것이다.

그렇다면 심기선 시의 '시다움'은 이와 같은 시적 의미의 두께에서 오는 것일까? 사실 자연과 일상의 경치, 그리고 시적 화자의 정서가 만나 그 유사함과 낙차를 통해 시적 의미를 구성하는 것은 '선경후정'과 같은 전통적인 시에서 이미 경험한 바 있다. 물론 현대시에서의 시적 사물과 시인의 정서는 그 둘 간의 유사함보다는 이질감이나 시적 비약이 우세하다는 점에서

차이가 있지만 일반적으로 이와 같은 시상흐름은 이미 익숙한 것이다. 심기선 시에서 의미의 두께는 단지 이와 같은 시적 대상과 정서의 시상 흐름에서 오는 것만은 아니다. 그의 기다림의 시간들은 이러한 일상 속에 멈춰버린 듯하다. 이미 시들어 살아날 수 없는 화분의 식물처럼 기다림의 시간은 둥글게 말라버려 고요와 적막, 존재의 빈자리를 자꾸만 재생해 놓는다. 그의 기다림에는 문득 지금에 멈추어 있다. 「봄을 기다리다」나 「입춘」과 같은 시들에서 그러한 기다림의 실마리가 엿보이기는 하나, 그것은 풍경에 머물러 있을 뿐이다.

심기선의 시는 기다림 그 자체가 아닌, 기다림의 시간에 대해 말한다. 시인의 시선은 시간의 간극과 언저리, 여기쯤에 머물러 있다. 이미 떠난 것을 알면서도 혹시나 하는 기다림의 시간, 모든 것이 떠난 자리의 어깨를 끝까지 남아 쓰다듬는 시간 사이에 말이다. 텅빈 것을 목격하는 것이기에, 그리고 거기에 남아 있는 것이기에 그의 기다림은 막막하다. 죽은 것은 다시 돌아오지 않는다. 떠난 것도 다시 돌아오기 힘들다. 사람들은 흔히 이러한 기다림을 '미련'이라고 말한다. 미련이란 알면서도 그쪽으로 향하는 마음결을 거두지 못한 상태이다. 아직도 미진한 무엇이 남아있는 마음이다. 우리는 그런 미련들을 쉽게 정리하고 폐기하고자 한다. 묵은 시는, 메모들은, 누군가의 하소연으로 가득한 편지는, 여전히 유치찬란한 연애글, 철이 지난 책, 그리고 사진들은 언제가는 폐기될 것으로 집안 한 구석에 묵히고 묵혀 있다. 버리지 못한 채 폐기될 시간을 기다리는 그것들은 내내 무겁고 버겁다. 어쩌면 그런 묵혀진 것들을 싸안고 있는 마음은 때로 '기다림'이 아닌, 그저 '미련'으로 남을 지도 모른다. 지난 것이 무거운 사람에게는 새로운 것 또한 무겁다. 앞으로 다가올 것은 다시 지나간 것이 되고야 말기 때문이다. 이런 미련을 안고 있는 것은 경제성에 어긋나도 한참 어긋난다. 그런데 어쩌지? 우리 삶은 이렇게 비경제적인 감정 속에 부유하고 있으니 말이다. 그건 미련 이상의 의미를 갖는다. 사그라드는 존재를 '묻어주고 다독여주고 눈물을 닦아주고 어깨를 쓰다듬어주'(「불임나무」)는 따스한 손길, 여리고 가여운 것을 선뜻 뿌리치지 못하는 인간적인 마음 말이다.

그런 점에서 그의 시는 존재의 적막을 목격하는 자의 깊은 허무를 담고 있다. 그러한 허무의 존재를 바라보는 애잔한 연민의 시선도 깃들어 있다. 물론 여기에서 기다림은 미래에 대한 뿌듯한 지향성을 갖지 못한다. 어쩌면 열렬함과 그칠 줄 모르는 열망, 그 치열함은 '기다림'이 갖는 본래의 자세다. 하지만 그의 기다림은 기다림에 대한 열망을 허무로 바꾸어 놓는다. 그의 시선은 '비어 있음'에, 그 적막의 공간에 머물러 있다.

묵어서 깊어진 것들

그렇다면 이러한 허무의 감성은 어디에서 오는 것일까? 그것은 그의 기다림의 시간이 지나간 존재들 위에 놓여 있기 때문일 것이다. 성인으로 성장한 우리는 어느 순간부터 과거의 시간이 미래의 시간보다 더 많은 존재감을 차지하기 시작했다. 자신의 경험이 절대적인 가치나 기준이 되고, 자신이 살아온 시간에 의미를 부여하며, 그러한 시간을 함께 한 사람들과 몇 십 년이 넘는 시간의 두께를 함께 쌓아간다. 시간의 두께 안에는 가족, 친구, 사물, 시간, 그리고 기억들이 깃들고 삶의 자세를 형성하며, 노쇠와 죽음과 같은 미래의 것들에 대한 자세를 만들어간다. 심기선은 이를 '묵은 것'이라고 말한다. '엄마의 붉은 주단저고리', '뒤꼍에 널어놓은 낡은 누이의 속옷', '오래 전에 길 떠난 아버지의 지문'은 세월을 거슬러 묵고 묵어 시인 곁에 남아 있다. 그것은 아름답지 않다. 은은하거나 세월만큼 여유롭지도 않다. 일상의 텅 비어버린 존재들은 그 주인을 잃은 채 존재한다. 시인에게 그것은 젖은 소금을 지고 가는 것처럼 '시리고 무겁다'.

엄마의 붉은 주단저고리
손바닥을 펴서 쓸어내리면 윤기가 자르르 흐르던 그렇게
등을 다독이며 섬처럼 멀어지던 손길
접고 접은 편지를 노을에 담갔다 꺼낸 것처럼
선홍빛 장미그늘에 찔린 손끝이 떫고 아리다

다 쓰고 버려진 공책
빛바랜 채 한쪽 귀퉁이만 붙어있는 포스터
획 하나가 떨어져나간 여인숙 간판처럼

묵어서 깊어진 것들을 불러 모아 나지막이 물소리를 들려준다

담장 끝에서 함께 깊어가는
저 맨드라미
꽃
—「맨드라미」 전문

그랬어
문턱을 베고 누우면
시간들이 겅중겅중 징검다리를 건너와
목젖을 따라 기억의 샘이 열리고
마침내
내 몸을 깨워 흐르고는
물결 같은 싹을 틔우고 꽃을 터트리고
이내 시들어 바삭하게 손마디 사이를 흘러내리지
여기에 누우면
대숲에서부터 왜 바람이 시작되고
그 바람이 홀로 목어를 밤새워 두드리며
어둠을 재우고 새벽을 깨우는지
내 한 생을 다 돌아볼 수가 있어

—「문턱을 베고 눕다」 부분

첫 번째 인용 시에서 엄마의 붉은 주단저고리, 그 손길, 다 쓰고 버려진 공책이나 포스터, 낡은 여인숙의 간판은 시적 화자 곁에 오랜 시간을 두고 '묵고 깊어진 것들'로 남아 있다. 시적 화자는 이러한 묵은 것들을 쉽게 잊지 못한다. 여전히 그 자리를 지키고 떠나지 못한 채 그 언저리에 서 있는 것이다. 그 자리가 바로 다음 시에 나타난 '문턱'이다. 공간을 구분하는 '문턱'은 기다림의 시간과 같이 '사이'와 '간극'의 공간성을 보여준다. 문턱은 내게 '기억의 샘'을 열게 하고 내 몸을 깨우고 두드린다. '열리다', '깨워', '터트리고', '두드리며', '깨우는지'와 같은 서술어군은 각성과 열림의 시어들이다. 이는 단지 이 시간이 과거에 묶인 미련스러움이 아니라 나를 돌아보는 시간이 되어 감을 의미한다. 바람이 왜 시작되는지, 시간은 왜 흘러가는지, 내 한 생은 어떤 마음으로 돌아볼 수 있는지에 대한 해답을, 시적 화자는 문턱에서 되돌아본 '묵은 것'들에서 찾고 있다.

어쩌면 이제서야 기다림의 미련스러움이 어디서 오는지 알 것 같다. 기다림에 멈춘 사람은 시간 안으로 파고든다. 기다림은 시간의 흐름이다. 보내고 기다리고 오는 것의 시간 흐름을 전제한다. 그러나 문턱에 서서 그 기다림의 시간 안에 갇혀버린 시적 화자는 그 안으로 파고 든다. 그 깊이는 그러나 기다림의 적막함을 동반한다. 시인은 '적막한 등 뒤가 시리고 무겁다'고 고백한다(「적막의 무게」). '녹다'와 '스미다' 같은 시어가 자주 나타나는 것도 이와 같은 의미로 해석된다. 부지불식간에 내 기억 속에, 시간 속에 녹아 스며든 것들은 나를 무겁고 서늘하며 습습하게 만든다. 무거운 짐을 진 사람들처럼 우리는 각자의 짐을 지고 여기 시간의 문턱까지 와 있다. 시간은 존재를 결정짓는 '두께'와 같은 것이다. '오랜 벽지의 낡은 두께'(「집이 강을 건나갔다」)처럼 우리는 그 추레함과 고독함과 허전함으로부터 문득 깨어나 나오지 못할 지도 모른다. 하지만 그 시간들은 그 깊이 속에서 존재를 깨우치고 더욱 단단하게 단련한다.

나를 다독이는 일

이토록 물길이 길고 깊다는 것은
제 그리움으로 걸어온 시간들을
오랫동안 무던히 덜어낸 것이었음을

울지마라울지마라

언젠가 달빛이 눈처럼 내리는 날
전설 벗은 기린이
비늘마다 이끼를 털고
햇 물길을 따라서 뚝뚝 걸어 내려오리니
—「겨울 내린천」 부분

여기에서 겨울 내린천의 '물길'의 깊이는 시간성과 연결되어 있다. 시간은 끝없이 나를 다독이며 그리움으로 여기까지 걸어오도록 만들었다. 그 안에는 분명 떠나고 남은 존재들이, 시간이 남겨둔 허름한 뼈마디가, 텅 빈 것의 적막함이 깃들어 있을 것이다. 시적 화자는 그 시간의 물길들이 '길고 깊다'는 것은 오랫동안 걸어온 시간들을 '무던히 덜어낸' 결과였음을 깨닫는다. 여기에서 '서늘하고 습습하다'의 적막의 감각들은 '밝고 차고 시리다'와 같은 상쾌하고 밝은 시어들과 같은 것이 된다. 여기에서 떠남과 생겨남, 무거움과 가벼움의 상반되는 시어들은 실제로 동의의 언어로 읽을 수 있다.

시적 화자의 존재는 적막한 시간 속에 이미 굳어버린 사물이거나 혹은 묵은 두께와 같은 것들이다. 나무의 나이테처럼, 집의 때 묻은 벽지의 두께처럼 사람은, 혹은 존재는 각자의 시간의 두께를 갖는다. 묵은 나무의 속살에서부터 새로운 생명들이 깃들어 태어나고 썰물과 밀물처럼 채우고 비우는 시간의 과정을 따라 시간은 흘러가며 자연과 사람은 살아간다. 물론 그것은 적막하고 쓸쓸한 삶과 시간의 단면을 보여주지만, 그에 대한 시적 화자의 연민과 위로는 삶이 가진 본연의 적막함을 감싸려는 따스함으로 점철되어 있다. “나무마다 손을 내밀어 등짝을 다독여주고 낙엽을 모아 드러난 뿌리를 덮어주고 마른 가지를 쓰다듬어 주면서// 아프냐 묻고/ 괜찮다 위로하면서”(「가을 숲을 건너는 법」) 그는 시간의 길을 건너가려 한다. 그는 울지말라고 울지말라고 말한다. 작고 가엾고 소멸되어가는 것에 대한 연민은 혈연, 더 나아가 사람에 대한 연민에서부터 비롯된 것이다. 시적 화자는 그를 ‘그저 바라볼’(「계절에 베이다」) 수밖에 없었다고 자조한다. 그 무능과 무력에서 오는 자괴감은 상처가 되어 나를 깊게 베지만, 시적 화자는 그 자리를 떠나지 않는다. 모든 것이 끝나는 자리를 지키는 것은 무겁고 어렵다. 그것만이 그가 할 수 있는 유일한 방식이다. 시인은 모든 것이 떠난 자리의 비어있음을, 적막과 허무를 응시한다.

그러나 한편으로 낡은 것을, 사라져 가는 것들을, 그 허무와 적막을 지켜보는 일은 많은 용기를 필요로 한다. 그 허무를 견딜 수 있는 존재는 그리 많지 않다. 그의 시에 나타나는 수많은 일상과 자연의 존재들은 현대의 욕망을 비켜간다. 더 많이 갖고자 하고, 쉽게 버리고 포기하며, 더 인정받고자 하는 현대인의 욕망은 폐기되어야 할 것에 연연하지 않는다. 이와 같은 욕망의 논리를 비껴가는 것은 쉬운 일이 아니다.

밤새
대숲은 해초처럼 바람에 밀려갔다 밀려오고
내 안은
파도소리로 헛헛하고

수직의 바다에 맨몸으로 누워
젖어
잠기는 동안

등짝이
소라껍데기 속처럼 깊고 깜깜하다
—「수직의 바다에 눕다」 부분

이 시에서 시적 화자는 파도소리를 통해 허허로운 자아를 갖게 된다. 그러한 헛헛함은 '맨몸'의 가벼움과 같다. 수직의 바다에 몸을 적시는 동안 시적 화자는 소라껍데기 속처럼 깊고 깜깜한 존재 속으로 파고든다. 모든 것을 버려 세상 속에 맨몸으로 서 있는 것, 모든 것을 떨쳐낸 가벼움을 가져야 자기만의 깊은 세계로 침잠할 수 있으리라. 존재에 담긴 시간을 읽어내는 힘은 심기선 시가 가진 깊이이다. 그의 시에서 기다림은 묵어버린 것들의 시간으로부터 생겨난 것이다. 물론 그것은 앞으로 나아가지 못한다. 그의 기다림은 여전히 묵어진 것들의 시간 안에 아직도 묶여 있다. 오랜 동굴의 경이처럼, 텅 비어 있는 적막은 그 흘러간 시간만큼의 경이로움을 준다. 그러나 '천지를 붉은 가슴으로 흩날리던/ 지난 시절이 겨우// 눈/ 한 점인 줄 이제야 알겠다'(「눈 한 점」)는 시구는 고고하고 깊이 있는 깨달음의 혜안을 가장하지 않는다. 그의 시는 오히려 가장 인간적인 연약함에 놓여 있다. 일상의 존재와 시간의 허무를 관조하는 자의 쓸쓸함이 여기에 묻어 있다. 지나간 시간의 껍데기, 거기서 느끼는 쓸쓸함과 허전함은 차라리 인간적이다. 젖은 소금을 등에 진 자들처럼, 그렇게 자기 삶의 무게를 견딜 뿐이다.

사그라져 가는 것, 죽어가는 것, 떠난 것들의 빈자리를 오래도록 지켜보는 일은 어려운 일이다. 버려야 할 것들에 시달리며, 갖는 일에 강박적으로 집착하는 우리들은 그 적막함과 허무를 견뎌내는 힘을 갖지 못했다. 그의 시가 그 쓸쓸함이, 시간이 스쳐간 모든 존재들의 허무함이 오히려 시간 속에 오래 묵어 스며들듯 그렇게 사그라지길, 그리고 그 안에서 또 다른 기다림을 발견하기를 문득 희원해 보는 것이다. 그 옆에서 우리도 유사한 기다림의 자세로 삶을 관조하고 세월만큼 깊어진 것들을 끌어안고, 그렇게 시간 안에 적막해지기를 바래본다. 오래된 나무처럼, 시간이 내 내면에 깊은 웅덩이를 만들었으니 죽음에 가까운 존재는 '매미허물'처럼 그렇게 가벼운 시간의 존재가 되리라. 존재가 가볍다는 것은 무던히 자신을 덜어낸 노력의 결과이다.

말라버린 식물은 그것의 세상인 화분의 모양을 닮아간다. 떠나버린 새 둥지를 쓰다듬는 내 손길도 그 둥지의 모양을 닮아 있다. 모든 존재는 그것이 담긴 세상의 흔적을 그대로 담아낸다. 사람이 자신의 세상의 흉터를 그대로 가슴 속에 지니고 살듯, 사물은 그 세상과 그리 멀지 않은 존재다. 이제야 말라버린 식물이 왜 시간 속에 그렇게 동그랗게 몸을 만 채 그것이 담긴 화분의 모양을 닮아갔는지 어렴풋이 알 것 같은 것이다. 묵어져 사라져가는 존재에 대한 따스한 시선, 존재의 허무를 지켜보는 내면의 단단함, 그 묵어진 것에서부터 깊이를 발견하는 시심에서 심기선 시가 가진 가능성을 발견하게 되는 것이다.

심기선

심기선 시인은 충남 강경에서 태어났고, 2014년『애지』에 시를 발표하면서 작품활동을 시작했다.
심기선 시인의『수직의 바다에 눕다』는 주위의 수다한 존재들에 대한 시인의 깊은 감성이 드러나 있는 시집이다. 그의 시들에는 맨드라미, 머위, 함박꽃, 딱다구리, 꽃, 둥지, 나무와 같은 자연과 화분, 햇살, 일상, 그리고 누이, 할머니, 엄마 등의 사람들이 나타나며 그러한 존재들은 시인의 감성을 따라 움직인다. 또한 시인은 일상과 사물을 통해 자신의 서정을 발견하며 전개해 간다.
『수직의 바다에 눕다』는 심기선 시인의 첫 시집이지만, 그의 서정적인 감수성이 진한 감동으로 울려퍼지고 있는 시집이라고 할 수가 있다.

이메일 : hobak_c@naver.com

심기선 시집
수직의 바다에 눕다

발　행 2015년 8월 27일

지 은 이　심기선
펴 낸 이　반송림
편집디자인　김지호
펴 낸 곳　도서출판 지혜
　　　　　계간시전문지 애지
기획위원　반경환 이형권 황정산
주　소 34624 대전광역시 동구 선화로 203-1 2층 도서출판 지혜 (삼성동)
전　화 042-625-1140
팩　스 042-627-1140

전자우편 ejisarang@hanmail.net
애지카페 cafe.daum.net/ejiliterature

ISBN : 979-11-5728-037-7　03810
값 9,000원